AF262272

NOTICE NÉCROLOGIQUE

PROSPER BARRIÈRE

PAR

PAUL DUPLAN

Ancien Représentant du Cher

BOURGES

IMPRIMERIE ET LITHOGRAPHIE DE A. JOLLET

2, RUE DES ARMURIERS, 2

1870

NOTICE NÉCROLOGIQUE

PROSPER BARRIÈRE

La mort frappe à coups redoublés, non loin de nous, dans les rangs de la génération célèbre de ces hommes déjà formés en 1830 pour la vie publique, dont l'enfance avait subi la fascination des prestiges et des glorieuses péripéties de l'épopée impériale, qui souffrirent ensuite du deuil de la patrie et de l'invasion étrangère, auxquels fut dévolue enfin la mission de se rattacher à la chaîne des temps, c'est-à-dire de reprendre et de développer, en la protégeant dans ses éléments renaissants, l'œuvre interrompue de la liberté politique et de la Révolution de 1789.

A peine avions-nous payé le tribut mérité de nos hommages à la mémoire d'une illustration dont s'enorgueillissaient la Nièvre et le Cher, M. le Procureur général Delangle, que la tombe s'ouvrait encore pour l'un de nos anciens confrères, moins célèbre sans doute, mais non moins digne des regrets du département du Cher et des regrets de ses nombreux amis,

— M. Prosper Barrière, ancien avocat du barreau de Sancerre, sous-commissaire du gouvernement provisoire de la République en 1848 pour l'arrondissement de Sancerre, membre du conseil de cet arrondissement, conseiller général pour le département du Cher et juge-de-paix du canton d'Henrichemont depuis le mois de septembre 1848, chevalier de la Légion-d'honneur.

M. Barrière appartenait à une honorable et ancienne famille de négociants bien connue parmi nous. Il était né à Henrichemont le 10 août 1798. Il est mort le 11 janvier dernier, âgé par conséquent de 71 ans et 5 mois.

Après avoir fait de bonnes études au collége de Bourges, Prosper Barrière alla étudier le droit à Paris. Il y fut reçu licencié à la fin de l'année 1820 et inscrit comme avocat stagiaire au tableau des avocats de la Cour royale de Paris le 3 juin 1822.

Son stage terminé, il acheta à Sancerre où ses intérêts de famille et ses nombreuses relations de jeunesse le rappelaient plus particulièrement, une étude d'avoué près le tribunal de première instance. Comme il n'existait point de collége d'avocats à Sancerre, M. Barrière y était à la fois avocat et avoué ; il exerçait la plaidoirie, et c'est là qu'on put connaître et apprécier les facultés heureuses dont la nature l'avait doué, l'originalité de son éloquence inspirée par la raison la plus énergique et par la plus brillante imagination.

M. Barrière obtint de véritables succès au barreau. Il ne manqua pas d'être revêtu de la confiance de quelqu'une des parties dans les affaires d'une importance hors ligne qui purent figurer au rôle du tribunal de Sancerre.

S'étant séparé de ses fonctions d'avoué à la fin de l'année 1839, il continua avec plus de liberté de travail et un succès croissant sa profession d'avocat.

Nous avons le souvenir de l'avoir entendu dès lors dans plusieurs luttes des plus honorables pour lui où il avait comme adversaires des hommes tels que Michel (de Bourges), Odillon Barrot et quelques autres célébrités du barreau français.

C'est à partir surtout de cette époque que se resserrèrent ses rapports de sympathie et d'amitié avec Michel (de Bourges) et les hommes qui centralisaient à Bourges l'expression du parti démocratique et républicain. M. Barrière était la personnalité la plus marquante de ce parti dans l'arrondissement de Sancerre. Il suivait l'exemple de nos glorieux prédecesseurs de 1789 : fils de la bourgeoisie, riche censitaire, il réclamait par la réforme électorale le droit de vote en faveur du peuple politiquement deshérité. Mais il n'était point de ceux qui prétendent imposer, quand même, le triomphe de leurs opinions ; le succès de ses généreuses doctrines, il l'attendait des progrès du temps, des mœurs, de l'action morale et de la loyale discussion. Nous sommes à même de rendre cette justice à M. Barrière et d'attester, qu'en aucun temps, en aucune circonstance, il ne s'est départi de ses principes de modération et de progrès pacifique.

L'époque la plus remarquable de la vie de M. Barrière a été incontestablement celle de la révolution de 1848.

Il était membre du conseil de l'arrondissement de Sancerre depuis le 5 décembre 1842. La lutte d'influence électorale entre les partisans de M. Duvergier de Hauranne et ceux de M. de Montalivet qui agitait cet arrondissement, rendait bien difficile à tenir le poste de sous-préfet de Sancerre. Au commencement de 1848, la sous-préfecture ayant été laissée momentanément par le gouvernement sans titulaire nommé, les fonctions de sous-préfet furent provisoirement déléguées à M. Barrière en sa qualité de membre du conseil d'arrondissement.

La révolution de février 1848 le trouva dans cette situation. Alors se nouèrent, par suite des grands événements du moment, de nouvelles et plus intimes relations entre M. Barrière et celui auquel se trouve aujourd'hui dévolu le douloureux privilége d'écrire ces lignes sous l'inspiration de ses regrets.

J'avais été investi, dès le 28 février 1848, des fonctions de commissaire du gouvernement provisoire de la République dans le département du Cher, avec des pouvoirs extraordinaires. Suivant le cours cons-

ciencieux de mes appréciations et de mes sentiments,
inspiré aussi par l'affection que portait à M. Barrière
mon illustre ami Michel (de Bourges), je me hâtai,
dès le 6 mars 1848, d'user de l'autorité qui m'était
confiée pour en communiquer une partie au délégué
de la sous-préfecture de Sancerre, et pour lui déférer
les attributions de sous-commissaire du gouvernement
dans l'arrondissement, attributions qui représentaient,
sauf l'extension donnée à l'autorité administrative, les
anciennes fonctions de sous-préfet.

Cette confirmation de pouvoirs entre les mains de
M. Barrière souleva bien quelques objections (non pas
contre l'homme qui était généralement aimé) mais
contre l'espèce de modération politique dont elle pa-
raissait être le témoignage. Cependant nous y étions
encouragés par le vœu de la plus grande partie des
habitants de la ville de Sancerre, par celui des fonc-
tionnaires publics et des plus honorables citoyens de
l'arrondissement.

Ce sont là des faits intimes, sans doute, mais ce
sont des faits qu'il était nécessaire de mettre en lu-
mière pour l'intelligence de ce qui va suivre, dont nous
pouvons parler sans vaines prétentions, sans crainte
de la responsabilité morale ; c'est de l'histoire locale
déjà bien oubliée, ne rappelant, au reste, que des
choses honorables, n'ayant point d'analogie avec les
passions politiques excessives qu'on cherche à faire

naître en ce moment, lesquelles trouveraient heureuse-
ment bien peu d'écho parmi nous.

Je me complais d'autant plus à parler ici du commissariat de M. Barrière en 1848, que ce souvenir me
remet en mémoire certains incidents que je ne dois
point omettre, parce qu'ils reflètent des traits marqués
de la personnalité et du caractère de cet homme
courageux et excellent, et qu'ils contribuent à replacer
en quelque sorte son image sous mes yeux dans sa
vivante réalité.

Son maintien dans le sous-commissariat avait été, je
viens de le dire, le sujet de quelques observations
venues de deux côtés opposés. Il en résulta que, dans
les premiers temps surtout, ces observations se renou-
velèrent à propos de certains actes mal interprétés par
la préoccupation politique, et firent impression sur
l'un des membres du commissariat. La défiance est la
maladie de tous les pouvoirs nouveaux et particulièrement celle des pouvoirs démocratiques et révolution-
naires. Une insinuation peu bienveillante sur la marche
politique du sous-commissariat à Sancerre arrivait-elle
à la Préfecture... vite, une dépêche appelait M. Barrière
à Bourges, le priant de vouloir bien fournir des explica-
tions. Aussitôt la dépêche reçue, l'énergique sous-
commissaire enjambait son infatigable cheval de course
qu'il avait baptisé du nom glorieux de *Mazagran*. Cava-
lier renommé et intrépide, lancé à fonds de train, il

franchissait comme un trait les vallées et les collines de la route, il faisait en trois heures et demie le trajet de Sancerre à Bourges, et il arrivait à la Préfecture du Cher dispos et fort d'esprit et de corps comme un héros de la lutte antique. Sa franche loyauté avait bientôt dissipé tous les nuages, et nous, ses vieux amis, nous lui serrions la main avec cordialité le priant de s'épargner, et de se conserver un peu mieux pour nous, pour les siens, pour le pays. A ce moment M. Barrière comptait déjà cinquante années.

La grande question de l'élection des députés à l'assemblée nationale constituante ne tarda pas à être posée. La popularité de M. Barrière, les liens qui le rattachaient à l'arrondissement de Sancerre, les sympathies dont il était l'objet dans le département tout entier, le désignaient au choix des électeurs. Dès le commencement du mouvement électoral, un grand nombre de ses compatriotes lui offrirent la candidature qu'il accepta volontiers.

Une profession de foi, datée du 6 avril 1848, patriotique et modérée suivit cette acceptation, et sa candidature ne tarda pas à être patronée par le comité central électoral démocratique siégeant à Bourges. Appelé à s'expliquer devant ce comité dans une séance où plus de 150 membres étaient présents, il y développa sa profession de foi dans des termes qui lui concilièrent tous les suffrages.

« Quant aux chances de sa candidature, dit le
» compte-rendu de la séance, M. Barrière en a parlé
» avec une générosité qui, loin de faire accepter son
» **sacrifice, a** convaincu tous les auditeurs de la vérité
» du portrait que nous avions fait de son grand ca-
» ractère et de son noble cœur. M. Barrière offrait de
» se faire effacer de notre bulletin, pour peu que ce
» sacrifice pût assurer le succès des six autres candi-
» dats, et sur le refus du comité, il s'est écrié : Soit
» donc, Messieurs, je serai candidat ; mais je sais
» qu'au jour de bataille on fait la part du feu pour le
» salut de tous, et si je reste sur le carreau je n'en
» serai pas moins heureux et fier de votre choix et
» de ma part dans la lutte. »

M. Barrière avait bien apprécié la situation. Il ne triompha pas dans le scrutin du 23 avril 1848. Il succomba au reste en bonne compagnie : en compagnie de Michel (de Bourges). Il obtint 19,942 voix. M. Poisle Desgranges qui figurait le dernier sur la liste des sept députés élus, avait obtenu 26,722 voix ; Michel (de Bourges) avait recueilli après lui 25,624 voix.

Ayant résigné le commissariat, M. Barrière rentra pour un instant dans la vie privée, mais il ne tarda pas à recevoir un nouveau témoignage public des sympathies de ses concitoyens par son élection de membre du conseil général du département du Cher, pour le canton d'Henrichemont, qui eût lieu le 20 août 1848.

Il songea alors tout à fait à la retraite utile dans ce pays où le rappelaient aussi ses affections de famille. La fonction de juge de paix du canton d'Henrichemont étant devenue vacante, il sollicita cette fonction, l'obtint, et il en fut investi dès le mois de septembre 1848.

Cependant la constitution du 4 novembre 1848 recevant son application, la France dut procéder à la grande élection pour la présidence de la République. Ici se place un épisode de la vie de M. Barrière dont les habitants de Sancerre ont conservé le souvenir, et qui lui fait trop d'honneur pour que nous omettions de le mentionner : Le jour de l'élection pour la présidence de la République, le maire et ses deux assesseurs à la mairie de Sancerre avaient emporté l'urne contenant les bulletins de vote dans le cabinet du maire, ne croyant pas faire ainsi un acte capable de blesser les susceptibilités publiques. Mais la masse populaire pensant, bien à tort, que la sincérité du scrutin pouvait être altérée, que les bulletins pouvaient être changés, se précipita vers la mairie en proférant de dangereuses menaces. Aussitôt qu'il eut connaissance de cette émeute M. Barrière accourut. Seul, il harangua la foule exaspérée, se porta garant de la sincérité de la municipalité, dont les membres lui avaient fait naguère une opposition ardente, et, oubliant ses griefs personnels, il les préserva, par son énergie et par sa popularité, des insultes et peut-être des voies de fait auxquels ils étaient exposés. Cette générosité, cet oubli des hostilités politiques, était une des vertus de M. Barrière, bien nécessaire et bien louable au reste dans cet arrondissement de Sancerre où tant d'intrigues électorales, tant de mobiles irritations politiques, tant de hautes et difficiles rivalités, s'agitèrent et luttèrent pendant si longtemps entre elles, au grand préjudice de la concorde des esprits.

Depuis les mois d'août et de septembre 1848, dates de son élection comme membre du conseil général pour le canton d'Henrichemont et de sa nomination comme juge-de-paix, jusqu'à une époque voisine de sa mort, M. Barrière n'a pas cessé d'être revêtu de l'une et de l'autre de ces fonctions.

Constamment réélu par le canton d'Henrichemont, il apportait au sein du conseil général du département du Cher une longue expérience, de précieuses lumières, des sentiments libéraux infatigables. L'administration départementale et ses collègues du conseil général regretteront vivement, nous n'en doutons pas, son utile concours.

Dans l'exercice de ses attributions comme juge-de-paix M. Barrière, retrouvait toutes les qualités de son heureuse nature : l'esprit de justice, de conciliation, de générosité. Il honorait par ses vertus conciliatrices et équitables cette magistature déjà si honorable ; il était un père, un ami bien souvent secourable plutôt qu'un juge pour ses justiciables.

M. Barrière avait accueilli sans vaines protestations, sans regrets superflus, le verdict émis le 10 décembre 1848 par la souveraineté nationale et ceux qui l'ont suivi relativement à la constitution politique de la France. Il donnait loyalement son concours au régime Impérial auquel il avait prêté serment comme magistrat populaire.

Aussi accepta-t-il avec joie la récompense honorifique qui lui fut décernée le 15 août dernier, par la bienveillante justice du gouvernement, la décoration de la Légion d'honneur.

Son honorabilité, ses longs services publics, ses talents, son âge, le rendaient digne assurément, autant que qui que ce soit, d'une pareille distinction sanctionnée, au reste, par l'assentiment général.

M. Barrière n'a pu jouir, que bien peu de temps, hélas! de cette satisfaction donnée à sa vieillesse. Après le 15 août, sa santé, déjà altérée, ne tarda pas à lui imposer le repos ; il donna sa démission des fonctions de juge-de-paix. Mais le mal ne devait point ralentir ses atteintes, et le 11 janvier 1870 M. Barrière expirait au milieu de la douleur et des larmes de sa famille réunie auprès de son chevet.

La population tout entière de la ville d'Henrichemont l'a suivi à sa dernière demeure, donnant des témoignages touchants des regrets profonds que lui inspirait une pareille perte.

M. de Lamalle, procureur impérial près le tribunal de 1re instance de Sancerre, et M. Arthème Turquet, propriétaire, se sont rendus les interprètes des sentiments de la population, dans des paroles éloquentes et émues. Ils ont apporté un juste tribut d'éloges et de regrets à la mémoire du citoyen aimé, de l'homme de bien, du magistrat vénéré, que vient de perdre le département.

Un dernier mot maintenant de nos souvenirs, de nos sentiments intimes, en terminant ces tristes adieux :

Rien n'était vulgaire en M. Barrière; tout révélait chez lui une nature chevaleresque, dont la bonté, la générosité et en même temps l'énergie, étaient la base.

Son éloquence entraînante nourrie de l'étude des modèles antiques, sa merveilleuse et exubérante imagination, donnaient un tour quelquefois extraordinaire mais toujours plein de charmes, à ses discours et à sa conversation. Il avait conservé jusque dans son costume, une sorte de forme excentrique qui augmentait encore son attrayante originalité.

Sa constitution était athlétique, quoique amaigrie par on ne sait quel phénomène nerveux. Cette espèce de contraste jetait sur toute sa personne une expression frappante, excitant l'attention et la sympathie, qu'il était difficile d'oublier. Dans ces derniers temps surtout, son noble visage, profondément sculpté, rappelait les beaux types des figures héroïques.

M. Barrière a été un homme de bien (*vir bonus*), selon le sens supérieur de ce mot. Eclairé par ces larges idées progressives qui élèvent l'âme bien haut, et qui rendent son impulsion féconde pour les autres hommes, il aimait la patrie, la liberté, le devoir, la vérité, la justice.

Une consolation nous est donnée par la pensée qu'il lui sera tenu compte de ces belles vertus en un monde meilleur que le nôtre. Cet espoir l'a consolé et soutenu lui-même dans les derniers et suprêmes instants de sa vie.

P. DUPLAN,

ancien Représentant du Cher.

Bourges, le 20 janvier 1870.